PIÈCES HISTORIQUES.

PROCÈS-VERBAL

de la

PRISE DE POSSESSION

DE LA SEIGNEURIE HAUTE JUSTICIERE
DES VILLAGE ET PAROISSE DE MARANGE NARPANGE
ET AUTRE LIEUX, ET DE TOUS LES DROITS,
REVENUS, ET EMOLUMENTS DEPENDANTS DU DOMAINE
DE LA DITE SEIGNEURIE

AU PROFIT

DES SIEUR ET DAME LORRETTE, LEURS HOIRS
SUCCESSEURS ET AYANS CAUSE

Du 24e juillet 1752.

PARIS,
L. RICHARD, RUE MAZARINE, 11.

1862

Metz, Imp. et Lith. Nouvian.

PROCÈS-VERBAL

de la

PRISE DE POSSESSION

DE LA

SEIGNEURIE DE MARANGE.

EN 1752.

(Copié sur l'original tiré de la Bibliothèque de M. Lorette, libraire.)

L'an mil sept cent cinquante deux le vingt quatrième du mois de juillet neuf heures du matin, en vertu du contract de vente du quatorze juin dernier fait en consequence d'un arret du conseil, le Roy y etant du vingt quatre aout mil sept cent cinquante et vn qui a ordonné la vente et allienation estre faitte, en suivant les formalités ordinaires, de la hautte justice des village et parroisse de Marange et des droits en deppendans auec touttes les autres parties de Domaine seitués au meme lieu et de l'adjudication faite le seize decembre mil sept cent cinquante et vn au palais des thuilleries a paris, ledit contract de vente datté a paris signé de Nos Seigneurs les Commissaires generaux au chateau du Louvre en l'appartement des thuilleries et déliuré le dit jour quatorze juin suiuant au proffit du sieur Pierre Lorrette juge president en la jurisdiction consulaire de la ville de Metz et de Dame Barbe Berard son epouse y demeurant place de Chambre parroisse sainct Victor düement enregistré par Messieurs les tresoriers au Bureau des finances des generalités de Metz et d'Alsace, et a la requette des dits sieur et Dame Lorrette qui, en tant que besoin seroit, ont eslû leur domicil en celuy de leur residence susdesignée.

Je François Donnet huissier en la chancellerie établie près la cour de parlement de Metz y demeurant rüe de la Chévre parroisse sainct Simplice soussigné, m'étant exprés transporté au dit lieu de Marange a la ditte heure de neuf du matin, j'ay trouvé tous les habitans et sujets de la ditte parroisse de Marange assemblés au lieu ordinaire appellé sur Heüille et sous les armes ou s'est trouvé en meme temps ledit sieur Pierre Lorrette accompagné des sieurs assistans cy aprés dénommés, et a l'instant j'ay a hautte et intelligible voix fait lecture du dit contract de vente et de la sentence d'enregistrement y mentionnée, que les dits habitans et sujets en general et en particulier ont dit auoir compris et bien entendu, Ce fait j'ay declaré a tous et vn chacun que de par le Roy, nosdits seigneurs les Commissaires generaux et de l'ordonnance de mes dits sieurs du Bureau des finances, je mettois comme de fait j'ay mis, introduit et installé en la possession réelle et actuelle de la ditte seigneurie haute moyenne et basse justice des village et parroisse de Marange, Narpange et autres lieux generalement quelsconques scitués dans l'étendue du ban finage et confinage d'icelle et des droits honorifiques dans l'eglise et de hors, droits de chasse grande et petitte et de péche, droit de colombïer ayant Boulins jusqu'au réz de chaussée, comme aussy des droits de confiscation de biens vaccants, de batardise, de desherence' d'epaves, de valations d'entrée et établissement de bourgeoisie. de trésors trouvés, de vente de droitures de revetures, de censives, de quette, de doublage, de payage, de forte monoye, de halage, de fouage, de minage, d'épargne, d'entrecours et parcours, de sauve garde, d'assurement, d'accroissements, de bornage, de roüage, de brandonner et mettre la croix, de fournage, de ban vin, de faire bail a outrée, de paissons et d'étalonner les poids et mesures de touttes especes, du droit exclusif de faire convoquer assises et plaids et autres assemblées au son de la cloche, de la trompette et du tambour pour tous comptes resultats et autres actes de justice ou il presidera et mettra les bans et embannies, et de faire crier la feste, permettre les jeux et marchés, faire troupeau a part, faire traquer et hüer le loup pour la destruction des mauvaises bêtes et de touttes les amandes champetres soit de bois, de chasses et autres tant ciuiles que criminelles, ensemble de touttes les autres parties de Domaines droits naturels, réels et casuels querrables et portables, proffits et revennus de fiefs sans aucunne exception ny reserue que celles exprimées dans le dit contract encor que les fermiers des dits droits n'en auroient pas joüis cy deuant par le deffaut de connoissance ou autrement, pour joüir du tout par les dits sieur et dame Lorrette pleinement, paisiblement et incommutablement leurs hoirs successeurs et ayans cause, ainsy et de même que Sa Majesté en a joüy ou dû joüir, et fais injonction a vn chacun qu'il appartient de le reconnoitre en la ditte qualité, luy porter le respect et lui obeir et entendre ainsy que de raison et sous les peines de droit, j'ay aussy fait deffences a tous et vn chacun de l'y troubler sur les mêmes peines de droit, aprés quoy mondit sieur Lorrette a présentement nommé et crée vn corps de justice éz personnes de . . . . Desertinne l'ainé pour maire, de Jean Grosjean pour lieutenant de maire, de Jean Lorrette et Jean Baptiste Million pour echeuins tous habitans du meme lieu, le sieur. . . . . D'Hermange sergent royal au ressort de la cour pour procureur Fiscal, Humbert Forot pour greffier et Philippe Guillaume pour sergent, ces deux derniers aussy habitans de Marange, pour en son nom rendre et administrer la justice audit lieu de Marange et dans le distric de la ditte seigneurie hautte justiciere en touttes les causes de premierre instance pour autant de temps qu'il luy plaira et qu'il le trouvera a propos, se reseruant de les reuoquer et destituer tous et aucuns d'entre eux et d'en nommer et créer d'autres a son bon plaisir et lorsqu'il l'avisera bon estre et necessaire ; lesquels presents ont chacun a leur egard les dits offices et etats acceptés et promis de s'en acquitter fidelement ainsy qu'il se doit de rendre la justice aux pauvres comme aux riches selon les ordonnances et coutume tant au civil, criminel qu'au fait de la police et woirie et pour le meilleur ordre et de veiller a la conseruation des droits appartennans a mesdits sieur et dame Lorrette leur seigneur seul haut justicier et de l'aduertir des torts qu'on voudroit luy faire dans sa personne et dans ses biens, comme aussy de prêter le serment a cette fin par devant les juges et partout ou besoin sera et jusqu'a ce lont sur le champ preté entre les mains de Me Pierre Savoy prestre et curé de la ditte parroisse de Marange a ce present. Ce fait ledit sieur Lorrette, les dits sieurs assistans et les dits sujets ont entré en l'eglise parroissialle dudit Marange en laquelle il a declaré hautement qu'il choisiroit la premmierre et plus honorable place soit dans le cœur ou dans la nef d'un coté ou de l'autre sur le même alignement que celle du patron ou collateur qui pourra prendre le coté qu'il jugera a propos, dans la quelle place il fera poser vn banc a ses frais pour contennir luy, la dame son epouse et sa famille et aprés la celebration de la messe, il s'est transporté, comme dit est, et suiuy de ses sujets sur vne hauteur appellée communement a la Justice au canton de Hulle Loup sur le chemin qui croise, l'vn pour aller dudit Marange a Thionville et l'autre pour aller de la ville de Metz en celle de Longwy a la droitte en montant il a fait reconnoitre la fourche patibulaire ou gibet composé de quatre piliers en pierres de taille pour signe et marque de sa hautte justice qui y a été posé et construit toutte ancienneté, lequel il fera entretennir en bon état pour seruir a l'vsage a ce destiné, de la etant de retour audit village de Marange, il a aussy fait reconnoitre dans vne des places publiques dudit Marange appellé deuant la cour, vn collier de fer attaché a vn coté de l'ancienne arcade de pierre de taille préz l'ancienne prison pour seruir à la punition de ceux condamnés au carcan ainsy qu'au cas il appartiendra, lequel pilory il se reserue de le faire placer dans quelle place et carrefour il jugera à propos, et à l'instant a y fait deffences à tous ses sujets de la ditte Seigneurie de s'offenser l'vn l'autre sous telles peines qu'il sera arbitré et en même temps j'ay, ce requerants Mesdits Sieur et Dame Lorrette, fait lecture aux dits habitans et sujets assemblés de tous les articles du titre quatre de la coutume pour qu'ils ayent a s'y conformer et qu'ils n'en ignorent j'ay aussy reiteré les deffences par moy deuant faittes, de tout quoy Mesdits Sieur et Dame Lorrete ont requis le present procéz verbal et acte de prise de possession estre dressé pour leur servir et valloir en temps et lieux ainsy que de raison.

Signé P. Savoy, B. Robinet, Girardin, N. Berard, P. Jonvaux Baconniere de Salverte, Duhaussay, Poinsot, Demarnay, Voyard de maison Rouge, Renard, Voyard G. D. R. Taboüillot, Robert, H. Tinot Pochon, François Lorrette, Vesque, Desertine maire, J. Grojean, C.V. Dhermange, Jean-Baptiste Million, J. Lorrette, H. Forot, Guillaume qui tous ont été tesmoins fait à Marange les dits jour et an susdit, F. DONNET.

FACTVM,

Pour Iean et Charles de St. Iure Escuyers Sieurs de Mercy, et de Marange, Appellant.

Contre les Habitants et Communauté de Marange, Intimés.

(Copié sur un ancien factum conservé dans la bibliothèque de M. Lorette, libraire.)

LE fait est qu'en l'An 1636, au commencement de la guerre, entre les Couronnes de France, et d'Espagne, les habitans de Marange subjets encor alors de l'Espagne par leurs pilleries et Actes d'Hostilités, mesme par la prise à rençon des sujets du Roy, obligerent le Sieur de Rocquepine commendant lors pour le service du Roy dans la Ville de Metz, et pays messin, de les aller assieger dans la grosse Maison dudit village mesme dans leur Eglise Paroissiale laquelle ils auoient fortifié, comme ils ont encor fait à present tout de nouveau, afin de s'y retirer en assurance avec les prises et pilleries qu'ils faisoient journellement sur le pays messin, et dans laquelle ils se deffendirent si vigoureusement contre plus de quatre mil hommes des troupes du Roy, qu'il n'y eut que la présence du Canon, qu'on fut obligé de faire conduire de Metz deuant ladite Église qui les contregnit à se rendre audit Sieur de Rocquepine, qui fit en suite abattre les deffences d'auec la Tour, et la Voute de l'Eglise afin qu'elle ne leur serue plus à l'advenir de retraite et leur oster l'envie de piller leurs voisins comme auparauant.

Tout ce que dessus se justifie par l'enqueste qui a esté fait ensuite de l'Arrest de la Cour du 15. Décembre 1663, à la Requeste des Appellants qui ont estés admis à vérifier que la ruine de ladite Eglise est ariuée par la force majeur et fait de guerre où par le fait desdits habitants, car si lesdits Habitants se fussent contenus pendant les malheurs publicques dans leurs maisons, comme ont faits les autres paysant de la Prevosté de Thionville, sans courir jusque aux Portes de Metz y piller tout ce qu'ils rencontroient, prendre prisonniers les sujets du roy, desquels ils ont tirés de grandes rançons ainsi qu'il se justifiera par la déposition des tesmoins oüys en laditte enqueste, ledit sieur de Roquespine n'auroit pas esté contraint ny obligé de les aller assieger, et ruiner leur Eglise qui serait encor en son entier aussi bien que celles des autres villages qui n'ont soufferts aucune ruine des soldats pendant toute les guerres.

Et quoi que lesdites ruines soient arriuées comme dit est par leur faute, ils ont fait assigner lesdits de St. Iure en qualité de Seigneur dismier dudit lieu et condamner par sentence du juge de Thionville à contribuer auxdites reparations pour telle part et portion qu'ils profitent des dismes, c'est de cette Sentence, et de la saisie qui a esté faite en suite dont est appel.

La question à juger est sçauoir si les dismes infeodés sont chargés des reparations des Eglises paroissiales, et si les reparations desdites ruines arriuées par force majeure et fait de guerre, où par le fait des Habitants de la Paroisse sont à la charge desdits dismes.

Les Appellants soustiennent dans leurs causes et moyens d'appel, que la coustume de la Duché de Luxembourg soub laquelle est régie la prevosté de Thionville, de laquelle Marange dépend ne faisant aucune mention que les propriétaires des dismes infeodés soient chargés des réparations des Eglises, dont ils retirent les dismes à present que la Prevosté de Thionville est retournée soubs la Couronne de France, la question doit estre décidée suiuant ce qui s'observe en pareil cas par tout le Royaume de France, où les dismes infeodés ne sont chargés de cette prestation que subsidiairement; mais quand bien les Appellants par leur qualité de dismiers seraient chargés desdites reparations, ce qu'ils n'estiment pas (sauf correction,) les Intimés seraient chargez au prealable des reparations de leur ditte Eglise, pour en auoir attiré la ruine sur eux-mesme par leurs actes d'Hostillités comme il est pleinement justifié par la ditte enqueste.

Par ledit Arrest du 15 Decembre les Intimés sont admis à faire preuue que la ruine de leur Eglise est arrivée faute d'entretien et par la faute et négligence des Seigneurs dismiers, et qu'ils sont en vsage et possession de tous temps de faire les reparations de leur Eglise par les Seigneurs, des dismes tant Infeodés qu'Ecclesiastiques, la Cour est suppliée de faire réflexion sur ces termes que lesdits habitans sont en vsage et possession de tous temps, qui les oblige à la preuue d'vn fait particulier pour leur Eglise laquelle ne se peut faire que ou par titres autentiques ou par le rapport de gens dignes de foy non suspects ny interessés. Or est il que desdits tesmoins produits par les Intimés les huit ne font aucune mention du fait particulier de l'Eglise de Marange seulement, ils disent en général qu'ils ont oüys dire que l'vsage est dans la Prevosté, que les dismes infeodés aussi bien qu'Ecclesiastiques sont chargés des réparations des Eglises paroissiales comme Messieurs, les Chanoines, et Chapitre de la Cathedralle de Metz, de l'Eglise de Florange, le Sieur Abbé de St. Maximin de celle de Thionville la Dame Abbesse de Ste. Glossinde, de celle de Hayange de l'Hospital de Thionville de celle de la Ville aux Noyers, tous dismiers Ecclesiastiques ce qui est à notter, et qui fait connoitre le peu de conoissance qu'on lesdits tesmoins de la différence des dismes Infeodés aux Ecclésiastiques, par ainsi leurs depositions ne concluant rien sur le fait particulier de l'Eglise de Marange ne peuuent nuire aux Appellans.

La deposition des nommés Cunin Claudin, et Mathieu le Moine, leurs deux autres tesmoins pouroient laisser quelque impression quoy que legere sur c'est vsage et possession imaginaire: mais comme ce sont deux hommes nez à Marange d'où ils sont sortis depuis peu d'années, et sont en dessein d'y retourner au plutost pour cultiuer leurs propres héritages, assez considérables pour des gens de cette condition et où sont encor leurs frères et plus proches, ce qu'on a offert de justifier en cas de denegation, leur tesmoignage ne peut estre vallable pour les raisons deduittes plus au long dans les contredits de production des Appellants.

Les Habitants de Marange composent aujourdhuy plus de cent dix familles très nombreuses et naturelement portés au trouble et mutineries aussi sont ils très opulans et si riches qu'outre les héritages qu'ils ont dans les villages circonuoisins du leur ils en possèdent vne si grande quantité de très-fertiles, particulierement en vin dans le leurs que n'estant pas suffisant auec leurs familles pour les cultiuer, ils sont obligés d'avoir recours à leurs voisins pour y subvenir ne se doutans pas qu'apres vn si longtemps on pouroit avec tant de facilité estaller aux yeux de la Cour, leurs désordres passés et leurs pernicieuses actions se sont follement imaginés que la Cour aurait égard à leur requeste et ferait oster de deuant leurs yeux les marques irréprochables de leur témérité en obligent les Appellants à rebastir vn lieu de retraite pour des personnes qui l'ont eux mesmes ruinés par leurs pilleries et par l'emprisonnement des sujets du Roy, qu'ils ont ruynez et tirannisez.

MONSIEVR CHENNEVIX, Rapporteur.

www.ingramcontent.com/pod-product-compliance
Lightning Source LLC
LaVergne TN
LVHW052033160826
845678LV00003B/1315
9782329633008